LA PERSE

ANCIENNE ET NOUVELLE

PARIS. — TYPOGRAPHIE MORRIS ET COMPAGNIE

64, rue Amelot.

LA
PERSE
ANCIENNE ET NOUVELLE

MŒURS, COUTUMES, RELIGION, FINANCES
GOUVERNEMENT
CONFIGURATION GÉOGRAPHIQUE, BIOGRAPHIES
SUIVIES DE NOTES

PAR

LUCIEN GUENOT

AUTEUR DE DIFFÉRENTS OUVRAGES

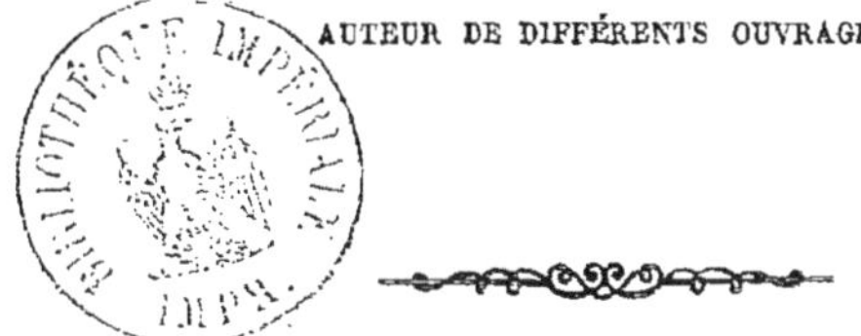

PARIS
LEDOYEN, LIBRAIRE-ÉDITEUR
GALERIE D'ORLÉANS, 31

—

1862

A SON EXCELLENCE

LE GÉNÉRAL HASSAN-ALI-KHAN

AMBASSADEUR

DE SA HAUTESSE LE SCHAH DE PERSE

————

Excellence,

En écrivant ce modeste livre, j'ai voulu offrir à ceux qui ont peu de temps à donner à la lecture le résumé de mes recherches sur l'organisation d'un grand peuple dont les fastes ont brillé d'un si vif éclat, et qui est appelé dans l'avenir à des destinées si brillantes.

Connaissant votre exquise bienveillance et

la délicate protection dont vous entourez les lettres, je n'ai pas craint de placer votre nom si illustre en tête de cet ouvrage.

Daignez donc en agréer la dédicace comme une marque de ma respectueuse estime et comme un faible témoignage de mon admiration pour vos grands talents et votre mérite.

L. GUENOT.

—∞—

La région persique est cette vaste étendue
qui a pour limites, au sud, la mer des Indes ;
au nord, le Caucase et la mer Caspienne ; à
l'ouest, les monts des Kourdes et du Louris-
tan, qui touchent au bassin du Tigre ; à l'est,
les montagnes de l'Inde et le cours de l'Indus.
Cet espace immense, qui formait le noyau de
l'ancienne monarchie des Perses, comprend
aujourd'hui quatre États indépendants : le
royaume d'Iran ou de la Perse proprement
dite, le royaume de Kaboul ou des Afghans,
le royaume de Kandahar et la confédération

des Béloutchis. On pourrait y ajouter le sud de la Russie caucasienne.

Peu de pays présentent un aspect et un climat aussi variés : au bord de la mer, des plaines marécageuses, des vents impétueux, d'excessives chaleurs ; vers le nord, des montagnes couvertes de neiges éternelles, des froids très-rigoureux ; au centre, un pays de délices, un ciel toujours riant, un air doux et embaumé ; c'est la terre des péris et des sylphes, ces fées et ces génies de la littérature orientale. Toutes les richesses végétales émaillent le sol : riz, froment, fruits, vins, tout y excelle. On y mange les dattes les plus sucrées, les pêches les plus savoureuses ; on y recueille le meilleur opium.

Les seize provinces qui, dans la géographie ancienne, occupaient la région persique, et formaient ce qu'on peut appeler le groupe oriental, étaient :

Au nord, la Médie, l'Hyrcanie, la Parthie, et la Margiane ; au sud, la Suziane, la Perse, la Carmanie et la Gédrosie ; à l'est, du sud au nord, l'Arachosie, la Paropamise, la Bactriane et la Sogdiane ; au centre, la Parétacène, la Carmanie déserte, la Drangiane et l'Arie.

1° Médie. — Entre la mer Caspienne, l'Hyrcanie, la Perse et l'Arménie. C'est l'Irak-Adjemi des Turcs. Ses villes étaient Ecbatane, Ragès et Gaza. Ecbatane, dont Hérodote et Polybe nous ont laissé une si brillante description, était la capitale de la Médie. Hamadan, ville de cinquante mille âmes, en occupe aujourd'hui la place et se trouve bâtie au milieu de ses immenses ruines. Des voyageurs moderns ont reconnu l'emplacement du palais où les monarques persans venaient passer l'été. Sa magnificence était incroyable. L'intérieur était garni de plaques d'or, et il était couvert de tuiles en argent. Ces plaques furent enlevées par **Alexandre, Antiochus et Séleucus Nicator**; néanmoins, **Antiochus le Grand** y trouva encore assez d'argent pour en faire monnayer 4,000 talents. — **Ragès.** C'est aujourd'hui un gros village de trois à quatre cents familles, nommé **Chah-Abdoulazim,** dans les environs de **Téhéran.**

2° HYRCANIE. — Contrée sauvage, infestée de serpents et de bêtes féroces. C'est une partie du **Corcan** et du **Dahistan,** qui forme le **Mazandéran,** une des onze provinces de l'**Iran.** Elle avait pour capitale **Zadracarta,** aujourd'hui **Asterabad,** qui, depuis qu'elle **fut** ravagée par Tamerlan, n'a plus été qu'un village servant de résidence au khan des Kadjars.

3° Parthie. — L'Irac-Adjemi et le Khoracan se la partagent. Elle avait vingt-cinq villes principales, dont Hecatompylos était la capitale. Hecatompylos, qui devint plus tard la ville royale des Parthes, est aujourd'hui Damogan, dans le Tabaristan.

4° Margiane. — Elle avait pour capitale Marginie, et pour fleuve le Margus, auquel elle devait son nom. Ce fleuve (*Marghab*), un des affluents de l'Oxus, avait sa source dans les monts Paropamises. La Margiane produisait des vins estimés, et, selon le témoignage de Quinte-Curce, de Ptolémée, de Justin, les ceps de vigne y étaient si gros, que deux hommes pouvaient à peine en embrasser un.

5° Susiane. — Aujourd'hui Khousistan. Le lis, appelé en hébreu *Zusan*, y croissait en abondance, et c'est, dit-on, pour cela que cette province fut appelée Susiane. Elle avait pour capitale la célèbre Suse, dont on voit encore les ruines près de Chousteo, chef-lieu de la province. — *Elymaïs,* qui fut longtemps la ville principale des Élamites, premiers habitants de la Perse, et la résidence de Chodorlahomor. Cette ville était encore célèbre par son temple d'Anitaïs; c'est ce temple qu'Antiochus le Grand voulut piller pour s'acquitter d'un tribut qu'il devait aux Romains; mais les habitants s'insurgèrent et le tuèrent en 186.

6° Perse. — La Perse ou Perside, aujourd'hui Fars ou Farsistan, était la plus riche province de tout l'empire de Perse, auquel

elle donna son nom. Ses villes étaient Persé-
polis et Pasargade. Ses ruines de la première,
extrêmement belles, se voient près d'Istakhar,
au nord-est de Chiraz. Les Persans modernes
appellent *Tchit-Minar*, ou les quarante co-
lonnes, les restes de ce palais fameux qui fut
brûlé en partie par Alexandre, lorsque ce
prince, égaré par l'ivresse et entraîné par
l'exemple de la courtisane Thaïs, voulut si-
signaler à jamais la chute de l'empire de Cyrus. — *Pasargade,* sur les confins de la Carmanie, fut fondée par Cyrus le Grand, dans
le lieu même où il avait vaincu Astyage (selon
le récit d'Hérodote). C'est dans cette ville que
se faisait le couronnement des rois de Perse.
Parmi ses ruines on rencontre un petit édi-
fice carré avec un piédestal en marbre blanc
d'une grandeur énorme. Comme il répond

par sa forme à la description que Diodore de Sicile a faite du tombeau de Cyrus, il est probable que c'est là le mausolée de ce grand prince.

7° Carmanie. — C'est aujourd'hui le Kerman. Les Carmaniens différaient des Perses en ce qu'au lieu de chevaux ils n'employaient que des ânes à la guerre, et qu'ils ne pouvaient se marier avant d'avoir tué un ennemi.

8° Gédrosie. — C'est aujourd'hui le Mékran, dans la confédération des Béloutchis. La plus grande partie de cette province ne consiste qu'en affreux déserts. Sur la côte méridionale habitaient les ichthyophages ou mangeurs de poisson. Poura, qui en était la capitale, avait peut-être été fondée par Porus.

9° Arachosie. — Arrokhage, faisant partie du royaume de Kaboul. Elle avait pour capitale Arachosia, sur la rivière de ce nom, dont on attribuait la fondation à Sémiramis.

10° PAROPAMISE. — C'est aujourd'hui le Kandahar. Il avait pour limites au nord la Bactriane, au sud l'Arachosie, à l'ouest l'Arie, et l'Inde à l'est. Ses villes, fort peu connues, étaient *Orthospane*, et plus tard *Alexandrie* la Paropamisienne. Ce pays tirait son nom des monts Paropamises, qui le traversent. Les Grecs les appelèrent Caucase indien ; c'est aujourd'hui l'Hindou-Kouch, qui est, après l'Himalaya, la chaîne la plus élevée du globe.

11° BACTRIANE. — La Bactriane, qui répond aujourd'hui au khanat de Balk, dans le Turkestan indépendant, avait pour limites la Sogdiane au nord, la Scythie à l'est et l'Inde au sud. Le Margus, l'Arius et l'Oxus, qui la séparaient de la Sogdiane, en étaient les trois fleuves. Bactres, sa capitale, était une ville puissante dès le temps de Ninus, qui s'en rendit maître par les conseils de Sémiramis. Rivale de Ninive, de Babylone et de Séleucie, elle servit longtemps d'intermédiaire pour les communications qui avaient lieu entre la Chine et l'Inde et les pays riverains de la mer Caspienne, de la mer Noire et de la Méditerranée. Sa position dans la plaine arrosée par l'Oxus favorisait ses rapports. On croit que Bactres fut la patrie de Zoroastre, que d'autres font naître en Médie, et que dans ses murs s'éleva le premier temple érigé au culte du feu. Elle ne fut donc pas seulement ville d'industrie et de commerce, elle fut encore ville religieuse, et c'est là surtout ce qui fit d'elle l'anneau qui unissait les peuples de l'Orient avec ceux de l'Occident.

12° Sogdiane. — Ce pays, qui répond aujourd'hui à la grande Boukharie, autrement dit kanat de Boukhara, et qui se confondait autrefois avec la Transoxiane, avait pour limites l'Oxus et l'Iaxarte, qui la séparait, au nord, de la Sarmatie asiatique. Entre autres villes, on y distinguait Maracanda, Samarcande, capitale de l'empire de Tamerlan, dont on voit encore le tombeau; Cyropolis, bâtie par Cyrus sur l'Iaxarte. Elle fut prise et détruite de fond en comble, après une résistance opiniâtre, par Alexandre, qui bâtit *Alexandria Ultima*, ou *Eskaté*, à l'extrémité du monde connu.

13° Parétacène. — Partie de l'Irak-Adjemi. Elle était remplie de déserts sablonneux et arides. *Aspadane* (Ispahan) en était la capitale.

2

C'est dans cette contrée qu'Eumène remporta une victoire sur Antigone.

14° Carmanie déserte. — C'est la partie nord du Kerman. On y trouve aujourd'hui Kebis ou Khoubis, au milieu d'une oasis du désert, ville de brigands qui attaquent les caravanes qui passent tout près pour aller à Kandahar.

15° Drangiane. — Partie du *Sedjestan* ou *Seistan*, qui, après avoir été une province du royaume de Kaboul, s'est divisée depuis peu en une foule de chefs indépendants, dont les deux principaux sont le sultan de Djelalabad et le kan d'Illoumdar. Le Seistan est la patrie de Djemchid et de Roustam, les deux héros mythiques des anciens Perses.

16° Arie. — Aujourd'hui *Kouhistan*, et la partie orientale du Khorassan. Aria, aujourd'hui Hérat, en était la capitale. Le Khorassan occidental ou persique a pour villes Kélat et Nichapour, qui, fondée par Sapor Ier, fut, au moyen âge, une des villes de l'Asie les plus célèbres par ses mędessés ou colléges. On y trouve la ville de Mechhed, où se voit le tombeau de l'iman Ali, fils de Moussa, regardé comme le patron de la Perse.

Pour compléter notre article géographique, il nous reste à donner le tableau des vingt satrapies qui partagèrent l'ancien empire iranien, et celui des différentes provinces qui partagent aujourd'hui la région persique.

Tableau des vingt gouvernements ou satrapies de Darius Ier.

1. Lydie et Pisidie.
2. Carie, Lycie et Pamphylie.
3. Phrygie, Cappadoce et Paphlagonie.
4. Cilicie et Syrie septentrionale.

5. Syrie méridionale et maritime.
6. Egypte.
7. Transoxiane.
8. Susiane.
9. Syrie des rivières, Babylonie, Assyrie.
10. Médie.
11. Hyrcanie, et autres peuples de la côte Caspienne.
12. Bactriane.
13. Arménie.
14. Drangiane, Carménie, Gédrosie.
15. Pays des Saces ou Sarmates, au nord-est de la Sogdiane.
16. Sogdiane, Arie, Chorasmie et Parthiène.
17. Colchide.
18. Albanie et Ibérie.
19. Pont.
20. Arachosie et Inde.

La région persique a pour limites, au nord, l'Empire russe (l'Arménie et le Chirvan), ensuite la mer Caspienne et le Turkestan (les khanats de Khiva et de Boukhara); à l'est, la principauté de Sindhy, le royaume de Lahore, le Cachemire; au sud les golfes d'Oman et Persique; à l'ouest, l'Asie ottomane ou la Turquie asiatique.

Ses divisions géographiques sont aujour-
d'hui au nombre de dix-huit. Et d'abord les
onze de la Perse proprement dite ou du
royaume d'Iran.

Noms modernes.	Noms anciens.	Villes.
1. Ghilan......	Pays des Gètes et des Cadusiens.	Recht.
2. Mazaderan..	Hyrcanie........	Sari, Astérabad, Aschraf.
3. Tabaristan..	Pays des Tapu-riens.........	Damavend.
4. Khorassan Persique ou Occidental..	Parthie et Mar-giane.........	Mesched, Nicha-pour, Kélat.
MILIEU.		
5. Aderbidjan..	Atropatène ou Mé-die septentrion.	Tébris ou Tauris, (Gaza).
6. Kurdistan...	Médie occidentale.	Kirmanchah.
7. Irak-Adjemi.	Médie méridionale et Paratécène.	Téhéran, Ispahan, Hamadan.
8. Kouhistan...	Médie orientale-	Chcheristan.
SUD.		
9. Khouzistan..	Susiane.........	Chouster.
10. Fars ou Far-sistan.....	Perse ou Perside.	Chiraz.
11. Kerman....	Les deux Carma-nies.........	Sirdjan ou Kerman.

Les principaux articles d'exportation sont: perles, soies, chevaux, chameaux, poils de chèvre et de chameau, peaux d'agneau, ammoniaque, naphte, ambre et turquoise, cuivre, soufre, riz, garance, noix de galle, safran, raisins secs, safran, dattes, pistaches, opium, noix, etc., etc. Les principales importations consistent en indigo, cochenille, café, sucre, etc. Population, 1 million d'habitants.

Téhéran. — Capitale du royaume et chef-lieu de la province Irak-Adjemi, au milieu d'une plaine bien cultivée, 140,000 habitants. Fabriques de tapis, ouvrages en fer.

Abouchehr. — Le premier port marchand du royaume, sur le golfe Persique. La compagnie anglaise des Indes orientales y a une factorerie.

Balfrouch. — Dans le Mazandéran, sur la mer Caspienne, la troisième ville du royaume, 100,000 habitants. Immenses bazars.

Cachan. — Au sud-ouest de Téhéran, 30,000 habitants. Fabriques d'ustensiles en cuivre, châles, cachemires, tissus de soie et de coton, unis et brochés en or et en argent.

Chiraz. — Dans le Fars, sur la Rochnâbâd, 30,000 habitants. Palais du gouverneur avec des jardins magnifiques. Bazar-I-Vakil, un des plus beaux de l'Orient, onze colléges, grand commerce.

Chouster. — Dans le Khousistan, sur le Kenoun. Importante par son commerce et ses manufactures d'étoffes de soie et de laine, aqueduc.

Hérat. — Dans la partie du Khorassan qui forme le royaume de Hérat, vassal et tri-

butaire de la Perse, ville fortifiée avec une citadelle et 100,000 habitants ; centre d'un
grand commerce ; fabriques nombreuses et
florissantes. L'eau de rose qu'on y prépare
est plus estimée même que celle de Chiraz.
Fabriques de fameux sabres dits de Khorassan.

Jezd ou *Yezd*.— Dans l'intérieur du Farsistan. 60,000 habitants; importante par ses florissantes manufactures de soie, de draps ;
commerce très-étendu à cause de sa position
centrale et des grandes routes qui y aboutis-
sent.

Ispahan. — Sur le Zendeh-Roud, jadis capitale du royaume. 200,000 habitants. Im-
portantes manufactures de coton, de soie, de
velours, de draps, de verre colorié pour les
fenêtres ; des teintureries, des fabriques de

sucre, de cuir, de poterie, de fusils et de pistolets. Son commerce est très-étendu et florissant.

Kirmanchah. — Dans le Kurdistan, sur le Kérah, ville assez grande, entourée de fortes murailles avec une citadelle ; ville très-florissante de 40,000 habitants ; fabriques, grand commerce.

Mechhed. — Dans le Khorassan, ville de 30,000 habitants, importante par son industrie et son commerce.

Tauris ou *Tebriz*. — Grande ville florissante ; nombreuses fabriques de soie et de coton; 100,000 habitants ; Kaiserieh, regardé comme le plus beau bazar de la Perse ; citadelle, arsenal.

Divisions sociales, Mœurs, Coutumes, Guerres, Sciences, Religions.

—∞—

La Perse, comme divisions sociales, était partagée en quatre classes : les prêtres, les guerriers, les laboureurs et les artisans.

Les prêtres, plus connus sous le nom de mages, formaient une corporation nombreuse dont l'influence se faisait sensiblement sentir sur toutes les autres classes. Leur science, à cette époque où les peuples peu éclairés se débattaient encore dans les langes de la barbarie, leur donnait une incontestable autorité. Ils cultivaient l'astronomie, qu'ils avaient apprise des Chaldéens, et qui leur valut le nom de mages. Les anciens Perses reconnaissaient et vénéraient comme auteur et réformateur du magisme, Zoroastre (1), dont la doctrine est enseignée dans le Zend-Avesta, c'est-à-dire la parole vivante.

Ce livre, qui forme encore le fond de la doctrine des Guèbres ou adorateurs du feu, reconnaît l'existence d'un Dieu suprême appelé Zervane-Akères ou temps sans limites.

Au-dessous et soumis à sa puissance, existent deux principes, l'un bon et source de tous biens, qui trône dans un vaste océan de lumière, et s'appelle Oromaze ou Ormutz, génie du bien ; l'autre, méchant, auteur du mal, vivant dans les ténèbres, nommé Ahrimane.

Dans une sphère inférieure, Ormutz a pour incarnation Mithras, qui devient ainsi le principe générateur, l'image de la fécondité qui perpétue et rajeunit le monde.

Sept haspans ou princes de la lumière se tiennent debout rangés autour du trône d'Ormutz. Un ordre de génies inférieurs nommés Izeds leur est soumis.

Une pareille organisation existe dans l'empire des ténèbres, séjour d'Ahrimane.

Sept dewss ou génies supérieurs du mal entourent son séjour, et une foule prodigieuse de dewss d'un ordre inférieur attendent leurs ordres. Une lutte acharnée et perpétuelle existe entre les deux empires; mais le génie du bien, que représente Ormutz, prévaudra un jour sur le génie du mal représenté par

Ahrimane, et l'univers, plongé jusqu'alors dans les ténèbres, se redressera sous les feux éblouissants de la lumière.

Cette lutte du bien et du mal qui se manifeste d'une manière si évidente, et dans le monde moral et dans le monde physique, et le triomphe de l'un sur l'autre à la fin des siècles, présente cette particularité saisissante qu'elle s'accorde avec la croyance catholique et avec celle de toutes les sectes religieuses. La pureté des mœurs était la marque distinctive des adorateurs d'Ormutz, et l'impureté, celle des adorateurs d'Ahrimane.

Plus tard, Mahomet (1) se révéla comme législateur et prophète d'une religion nouvelle. Les Perses embrassèrent la religion nouvelle, mais se séparèrent de l'interprétation des Turcs, qui reconnaissent pour chef Aboubechr et sont partisans de la Sunna (tradition), tandis que les Perses suivent la doctrine d'Ali, cousin de Mahomet, d'où leur vient le nom de Schytes. Ismaïl Ier, qui appartenait à la secte schyte et prétendait descendre d'Ali, avait voulu marquer la séparation des deux peuples par le costume ; et, comme les Turcs portaient le turban de mousseline blanche, il avait adopté le turban rouge avec douze plis en l'honneur des douze petits-fils d'Ali.

L'administration des Perses, à l'époque des conquêtes de Cyrus, était purement militaire. Ils divisaient les provinces en districts, et y mettaient des gouverneurs pour en assurer la propriété aux conquérants. Mais lorsque le gouvernement fut assis sur des bases plus solides, on réduisit le nombre des satrapes, et les peuples plus tranquilles et moins turbulents furent soumis à une surveillance moins sévère. Aussi, se fiant à leur fidélité, l'administration devint plutôt civile que militaire. En régularisant la levée des impôts (1), la cul-

(1) Hérodote estimait les revenus de l'État à 140 mil-

ture des terres, fille de la paix, négligée jusqu'alors, mais encouragée par Cyrus le Grand,
devint l'objet d'une protection toute spéciale.

Les satrapes étaient choisis parmi les mem-
bres des familles les plus nobles. Rois dans
leurs satrapies, ils possédaient, à l'exemple
du souverain, une cour et une escorte qui
campait avec eux sous des tentes et les ac-
compagnait dans leurs voyages. Ils étaient
chargés de la levée des impôts, de la percep-
tion des revenus, et le roi ne recevait que
l'excédant des dépenses couvertes par les re-
cettes. Ainsi les satrapes étaient sous une
dépendance perpétuelle. Des commissaires
royaux, qui, de toutes les parties de l'empire,

lions, somme énorme pour le temps, et dont le tiers pro
venait du seul gouvernement de Babylone.

(GALIN. — Les Perses.)

communiquaient promptement avec la cour, surveillaient leurs démarches et contrôlaient leurs actions. Des courriers établis sur chaque route, divisée en stations séparées l'une de l'autre d'une journée, leur portaient les dépêches, et un inspecteur extraordinaire, quelquefois même le roi, venait à la tête d'une armée examiner l'état des provinces, et se faisait rendre un compte sévère de leur administration.

Les impôts se payaient en nature et en argent (1). Au temps des Mèdes et de Cyrus, les trésors des rois de Perse étaient déposés dans les principales villes, et des lingots formés de l'argent mis en circulation étaient gardés ou convertis en monnaie, selon l'exigence des besoins publics. C'est à Darius que sont dus les impôts réguliers.

Les Perses, avant et pendant le règne de Cyrus, étaient renommés pour leur courage, leur sobriété et leur tempérance. Ils avaient le mensonge en horreur, et du mépris seulement pour ceux qui faisaient des dettes. La nation était divisée en quatre classes. La première renfermait les enfants ; ils y demeuraient jusqu'à l'âge de seize ans pour y être formés aux rudes exercices de la gymnastique et de la guerre. La deuxième était celle des adolescents; ils y passaient dix années à se perfectionner dans les exercices militaires, et la garde des postes importants était confiée à leur bravoure. Dans la troisième étaient les hommes faits, de 26 à 50 ans, destinés à l'administration, et ceux qui devaient fournir les soldats et les officiers pour les cadres de l'armée. Dans la quatrième, on choisissait, pour les conseils, les tribunaux et le gouvernement, les hommes les plus sages et les plus instruits. Les princes assistaient aux exercices publics et étaient entourés de quatre maîtres vénérables chargés de leur enseigner le culte des dieux, de les former à la vertu, de les initier aux préceptes de la vérité, de la justice, de les garantir de l'atteinte des voluptés, de la crainte, et enfin de les instruire dans la science de la religion et du gouvernement*.

* Boitteau.

L'armée des Perses se divisait en quatre corps : l'infanterie, la cavalerie et les archers réunis aux frondeurs. Ces quatre corps fournissaient, au nombre de mille, le bataillon sacré où des immortels, réputés les plus braves, sorte de garde prétorienne, et enfin la cavalerie, prise en grande partie dans les familles les plus distinguées. Les armes défensives étaient la cuirasse, les brassards, les cuissards d'airain et le bouclier. Les armes offensives étaient le cimeterre, le javelot ou demi-pique, l'arc et la flèche.

Les rois de Perse étaient les juges naturels des affaires les plus graves. Ils avaient, sur le sujet, le droit de vie et de mort. Leur volonté faisait loi. Leurs arrêts étaient considérés comme des oracles, et nul conseil ne pouvait mettre des bornes à leur pouvoir. Les mages eux-mêmes, bien que revêtus d'un caractère sacré, respectaient les ordres du maître. Des juges royaux administraient les provinces, et leurs prévarications, extrêmement rares, étaient punies par les plus affreux supplices (1). Les particuliers ne pouvaient faire périr un esclave. Le roi faisait toujours grâce à une première faute, et les services rendus à l'État étaient, par un calcul aussi adroit que généreux, reçus en compensation des crimes ou des délits.

Nasser-Eddin-Schah *, souverain actuel de Perse, né en 1820, fils aîné de Méhemed-Schah, qui inaugura une politique de relations amicales avec les puissances européennes, monta sur le trône le 13 octobre 1848. Peu de temps après son élévation, il échappait heureusement à une tentative d'assassinat dirigée contre sa personne. Pénétré de l'esprit de réforme, le jeune prince s'attacha d'abord à introduire dans l'administration de son royaume des améliorations notables. Depuis 1855, l'influence française se fit sentir dans ce pays, lors de la réception so-

* Vapereau.

lennelle de l'ambassadeur français, M. Bou-
rée, et la ratification d'un traité de commerce
et d'amitié inaugura l'ère d'une politique
nouvelle. — Au début de la guerre d'Orient,
le cabinet de Téhéran se déclara pour la neu-
tralité entre la Russie et la Porte.

Esprit entreprenant, le Schah Nasser-Eddin
a triomphé du khan de Khiva et de l'iman de
Mascate. A l'intérieur, comprenant, en grand
roi, les besoins de son pays, il suivit constam-
ment les lois du progrès, en exerçant par lui-
même une active surveillance, et visitant tour
à tour les différentes parties de son vaste
empire.

Comme son prédécesseur, le Schah Feth-
Ali (1), homme de progrès, il saisit les occa-
sions d'augmenter les forces de son royaume
en perfectionnant la discipline. Honneur à ce

grand roi dont l'esprit progressif s'occupe avec tant de sollicitude du bien-être de son peuple, en encourageant la création des voies ferrées, des lignes télégraphiques, et profite ainsi de son pouvoir en se créant de nouveaux titres de gloire, certain de laisser un nom glorieux et vénéré à l'admiration de la postérité!

Le Schah de Perse a pour ambassadeur à Paris son aide de camp général, Son Excellence Hassan-Ali-Khan, général de division (serdar) de l'armée régulière (nizam), dont les talents militaires ont brillé dans la campagne d'Hérat. Sachant allier à la bravoure du soldat l'exquise politesse de l'homme du monde, le général Hassan á fait admirer dans les salons parisiens l'urbanité de ses manières et son exquise galanterie.

Littérateur érudit et distingué, il a rédigé,

dit-on, pour son souverain, en langue persane, une histoire de la guerre d'Italie, ouvrage qu'on dit remarquable par ses appréciations justes et savantes, rehaussées d'un style coloré et plein de charme.

NOTES

—∞—

Page **27**. — Zoroastre, selon certains historiens, est plus ancien que Bacchus, et, selon d'autres, fut contemporain de Darius, fils d'Histape ou de Cyrus. Des savants l'ont confondu avec Moïse; et Justin, dans son abrégé de Trogue Pompée, en fait un roi des Bactriens. Enfin, d'autres le croient disciple d'Élie ou d'Élysée. Quelle que soit l'époque de son existence, le réformateur, parti de la Médie septentrionale, se dirigea vers un pays civilisé, et vint

prêcher sa doctrine dans la Bactriane, d'où elle se
répandit dans toute la Perse.

Page 29. — Mahomet naquit à la Mecque, vers
570. Ce fut à l'âge de quarante ans, et après son
mariage avec une veuve, nommée Kadichah, qu'il se
mit à annoncer sa mission de prophète et de législateur. Ses disciples furent son esclave Zeïd, son cousin Ali, qui fut depuis son gendre, Abou-Bèkre, qui
devait être son beau-père, Othman et Omar.

Les dogmes et les préceptes de sa religion sont
consignés dans le Koran. Les premiers sont au
nombre de cinq : L'unité de Dieu, l'immortalité de
l'âme, un paradis avec des jouissances toutes sen-
suelles, le jugement dernier et la prédestination ou
la fatalité. Les seconds sont au nombre de sep principaux : la circoncision, la prière, l'aumône, les
ablutions, le jeûne du Rhamadan, le pèlerinage de
la Mecque, enfin l'abstinence des animaux impurs,
du vin et de toute liqueur fermentée.

Page 33. — Les tribus se payaient surtout en

nature. La satrapie d'Arménie fournissait 20,000 chevaux. Les cantons affectés aux dépenses de l'habillement de la reine portaient le nom de l'article fourni : canton de la ceinture de la reine, canton du voile de la reine. Quand Thémistocle se réfugia en Perse, le roi lui assigna quatre villes pour sa subsistance; l'une fournissait son vin, l'autre son pain, la troisième ses viandes, la quatrième ses habits et ses meubles.

Page 37. — On écrasait la tête du condamné entre deux pierres ou bien on le mettait en croix; pour les grands criminels on réservait le supplice des cendres ou de l'auge. Le premier consistait à remplir de cendres une tour jusqu'à moitié de sa hauteur; du sommet de cette tour on précipitait le criminel, et ensuite, avec une roue, on agitait autour de lui la cendre jusqu'à ce qu'elle l'étouffât.

Pour le second, on enfermait le condamné entre deux troncs d'arbres creusés, de manière à ce qu'il n'en sortît que la tête, les pieds et les mains. On enduisait de miel ces différentes parties ; après on exposait le supplicié à l'ardeur du soleil, le forçant à prendre des aliments pour prolonger ses souffrances. Et en effet souvent il ne mourait qu'après plus d'un mois, dévoré par les insectes.

Page 40. — Qu'on nous permette ces quelques vers, faible hommage à la mémoire de ce grand roi, qui éleva la Perse à un si haut degré de grandeur et de puissance.

Au milieu des splendeurs de son règne fécond,
    Quand vint l'heure suprême
Ou le roi Feth-Ali sentit que de son front,
    Dieu retirait le diadème.
Confiant et résigné dans la volonté sainte
    De son Dieu,
Il appela son fils, et d'une voix éteinte
    Lui dit ce dernier adieu :

O mon fils ! peu d'instants nous séparent encore
De l'heure solennelle où j'irai pour toujours
Près d'un Dieu juste et bon qu'en sa bonté j'implore
Pour toi, frêle arbrisseau, l'espoir de mes vieux jours.
Bientôt tu n'auras plus personne qui réponde
A tes cris ; car la mort me tient sous son épieu :
Laisse-moi t'adresser un éternel adieu
Avant de te laisser triste et seul en ce monde.

Le plus saint des devoirs de la toute-puissance
Est d'être bon pour tous ; s'il te faut condamner,
Sache que s'il est doux d'écouter la vengeance,
Il est encor plus doux de savoir pardonner.
L'existence est un livre où chaque œuvre accomplie
S'imprime pour toujours : et quand on va mourir,
On est plus consolé d'entrevoir l'avenir
Tourner, en souriant, les pages de la vie.

J'ai voulu bien souvent, au prix d'une victoire,
Te rendre, ô mon pays ! ton antique splendeur,
Mais si mon cœur battit à l'appel de la gloire,
C'est qu'il fallait sauver ta vie et ton honneur.
Quand je ne serai plus, ô Perse bien aimée !
Dans le fond de ton cœur garde mon souvenir :
Pour te remercier mon fils saura grandir,
Continuant pour toi mon œuvre inachevée...

Adieu, mon fils, adieu... que ce baiser te dise...
Tout l'amour contenu dans mon cœur paternel.
D'entendre tes sanglots, hélas ! mon cœur se brise,
Ne peux-tu t'arrêter, ô destin trop cruel !
Il lui parlait toujours, et ses lèvres mourantes
Murmuraient quelques mots empreints de désespoir,
Et son regard voilé cherchait avec espoir
A le bénir encor de ses mains défaillantes...

FIN

Paris. — Typ. Morris et Cᵉ, 64, rue Amelot.